AF259912

BOYCOTTAGE
ET SABOTTAGE

Rapport de la Commission du Boycottage au Congrès Corporatif tenu à Toulouse en Septembre 1897.

PRIX : **Deux Centimes et demi**

(Deux brochures pour Cinq Centimes)

DÉPOT :

15, rue Lavieuville (Montmartre)

PARIS

Boycottage et Sabottage

Ce qui, en ces dernières années, caractérise le mouvement ouvrier, c'est un dégoût profond et croissant pour le parlementarisme et toutes les illusions politiques qui, trop longtemps, ont servi à berner les travailleurs.

Ce dégoût de la politique est tellement intense que les rares camarades croyant encore à l'efficacité des réformes gouvernementales et, par conséquent, à l'utilité de la participation aux luttes politiques, laissent leurs opinions à la porte des syndicats : ils sentent que s'ils apportaient dans ces groupements leurs préférences personnelles il n'en pourrait résulter que des querelles et des zizanies.

Cette attitude des travailleurs qui ont encore confiance en l'intervention de l'État n'est-elle pas la meilleure preuve que la politique est le grand élément de discorde qui, jusqu'ici, nous a réduit à l'impuissance ?

C'est au Congrès corporatif de Nantes, en 1895, que — très nettement — les corporations se dégagèrent de l'influence des politiciens : la question de la grève générale fut le prétexte. Les politiciens-socialistes condamnaient la propagande de cette idée. Le Congrès se prononça contre eux.

En 1896, au Congrès international de Londres, les mêmes politiciens revinrent à la charge : ils exigeaient que, fussent seuls admis au Congrès, les Syndicats qui feraient un acte de foi politique et reconnaîtraient la nécessité de la conquête des pouvoirs publics. Ils furent battus.

Loin d'affaiblir les Syndicats, cette orientation économique leur a donné une vigueur et une puissance qu'ils n'avaient pas eu jusqu'ici. Les travailleurs ont vu clairement la situation :

comprenant qu'ils n'avaient à compter que sur leurs efforts et leur initiative pour réduire les capitalistes, au lieu de se stériliser dans l'attente de réformes tombant du ciel gouvernemental, ils ont songé à agir eux-mêmes.

Alors se sont élaborées des tactiques de résistance et de lutte contre les exploiteurs; par leurs trop fréquents et douloureux résultats, les grèves partielles ont éveillé la méfiance : la grève est un pis-aller qu'on subit, mais qu'on ne recherche pas.

Mais, en dehors de la grève, n'y a-t-il rien à tenter pour faire front au patronat ?

C'est à cette interrogation qu'a répondu le Congrès de Toulouse. La question du *Boycottage* était à son ordre du jour et la commission (1) chargée d'étudier cette tactique, tout en mettant en lumière les excellents résultats qu'on peut attendre d'un *Boycottage* énergique a complété son œuvre en préconisant une tactique de même essence : le *Sabottage*.

Son rapport, — que les camarades vont lire ci-contre, — a été adopté par le Congrès à l'unanimité. Il a été ensuite décidé qu'une

---

(1). La Commission du Boycottage était composée de huit membres : Bernadac, délégué des Tailleurs de Toulouse ; Besset, de la Fédération nationale des syndicats Lyonnais, des Mineurs de St-Bel et des Teinturiers de Villefranche (Rhône); Cumora, de l'Union des mécaniciens de la Seine; Dax, des Chapeliers de Toulouse; Delesalle, de l'Association syndicale des garçons restaurateurs et limonadiers de la Seine ; Narcisse, des Bûcherons de Villers-Cotterets ; Pouget, des Cordonniers cousu main de Paris, de la Fédération des syndicats de Vienne et de la Bourse du Travail d'Amiens ; Richer, des Cordonniers, des Galochiers semelliers et des Tailleurs du Mans, de la Bourse du Travail du Mans et des Cordonniers réunis de Blois. Au cours de ses travaux, la Com s'est adjoint le camarade Thierrard, de l'Union des travailleurs du textile de Reims.

active propagande soit faite pour vulgariser la double tactique du *Boycottage* et du *Sabottage*.

C'est pour répondre aux désirs du Congrès que les camarades parisiens de la Commission du Boycottage ont pris l'initiative de publier le rapport de cette Commission.

Ce n'est d'ailleurs qu'une entrée en matière, le commencement d'une propagande active : il est nécessaire que les camarades se familiarisent avec l'idée du *Boycottage* et du *Sabottage*. Aussi la présente brochure n'est-elle qu'une sorte de préface à une publication plus précise que nous préparons et dans laquelle nous donnerons, classés par industries et professions, les moyens pratiques de sabottage. Mais, une telle brochure demande une enquête préalable; aussi, nous espérons que les camarades et les groupements nous faciliteront la besogne en nous faisant parvenir tous les renseignements qu'ils pourraient connaître, ayant trait à la question.

D'autre part, pour que la tactique que nous préconisons atteigne son but : c'est-à-dire, inspire une crainte salutaire aux capitalistes, il faut qu'elle se soit infiltrée dans la masse, ait pris consistance, afin que les patrons sachent que les travailleurs ont dans leur jeu un atout capable de contrebalancer leur puissance. Il est certain que, lorsque la tactique du *Sabottage* sera vulgarisée, les exploiteurs se montreront davantage soucieux de nos revendications, parce qu'ils nous sentiront capables de résistance et en situation de les atteindre dans leurs œuvres vives : le capital industriel!

Il est donc de toute nécessité que les camarades et les syndicats qui trouvent excellente la tactique que nous préconisons, aident à son expansion en répandant à profusion les publications sur ce sujet. Dans ce but nous avons édité notre première brochure au prix le plus minime possible et nous espérons que notre premier tirage, fait à 100.000 exemplaires, ne sera pas le dernier.

Les Membres Parisiens de la Commission:
DELESALLE, rapporteur ; CUMORA, POUGET.

RAPPORT DE LA COMMISSION DU BOYCOTTAGE

Camarades,

Le boycottage n'est autre chose que la systématisation de ce que nous appelons en France la *mise à l'index.*

Si le mot boycottage tend à s'introduire chez nous c'est qu'il apporte avec lui une idée plus révolutionnaire que celle attribuée jusqu'ici au mot *mise à l'index.*

Le boycottage, en effet, est d'origine et d'essence révolutionnaire. Ses origines sont connues : en Irlande, le régisseur des énormes domaines de lord Erne, dans le comté de Mayo, le capitaine Boycott, s'était tellement rendu antipathique par des mesures de rigueur envers les paysans que ceux-ci le mirent à l'index : lors de la moisson de 1879, Boycott ne put trouver un seul ouvrier pour enlever et rentrer ses récoltes ; partout, en outre, on lui refusa les moindres services, tous s'éloignèrent de lui comme d'un pestiféré.

Le gouvernement, émotionné, intervint, envoya des ouvriers protégés par la troupe, mais il était trop tard : les récoltes avaient pourri sur pied.

Boycott, vaincu, ruiné, se réfugia en Amérique. Ces jours derniers, on a annoncé sa mort.

Le boycottage, commencé contre Boycott se continua en Irlande.

D'Irlande, il passa en Angleterre et se répan-
dit bientôt sur le continent.

Rappeler quelques exemples de boycottage
n'est pas inutile :

A Berlin, en 1894, sous la pression gouverne-
mentale, les brasseurs refusaient leurs salles
de réunions aux socialistes. Les brasseurs furent
boycottés et, ils le furent si rigoureusement
qu'au bout de quelques mois ils étaient obligés
de se soumettre et de rouvrir leurs salles
aux socialistes.

A Berlin encore, la Compagnie des chemins
de fer circulaires, s'étant rendu compte que le
public fermait lui-même les portières, décida
un jour la suppression de 200 ouvriers fermeurs
de portières qu'elle avait employé jusque là.

Aussitôt, les socialistes intervinrent : par
leur activité ils arrivèrent, en une huitaine, à
convaincre le public qu'il fallait laisser les
portières ouvertes.

Si bien que, grâce à ce boycottage d'un
genre spécial, la Compagnie se vit obligée de
reprendre le personnel qu'elle avait remercié.

A Londres, en 1893, les employés de magasin
exigèrent de leurs patrons la fermeture des
magasins une après-midi par semaine, pour
compenser l'après-midi du samedi pendant
laquelle ils travaillent, tandis que les ouvriers
chôment.

C'est par le boycottage qu'ils forcèrent la
main aux patrons : les magasins qui refusaient
d'obtempérer aux désirs de leurs employés
furent mis à l'index.

Et les employés londonniens ne s'en tinrent
pas là. On nous présente souvent les travailleurs anglais comme étant très peu révolutionnaires, — c'est là une appréciation inexacte.
Ainsi, dans cette campagne de boycottage, les
employés usèrent des procédés révolution-

naires, tels que bris de matériel, prises d'assaut des magasins, etc.

Un jour, entre autres, les boycotteurs entrèrent dans un magasin de jambons, attrapèrent les victuailles et les jetèrent à la rue. Et ce fait ne fut pas isolé ; bien d'autres actes de ce genre seraient à citer. Et c'est parce que les boycotteurs furent audacieux et énergiques que la victoire leur resta ; depuis cette époque, une fois par semaine, entre 3 et 5 heures de l'après-midi, les magasins de nouveautés et autres ferment leurs portes.

Si nous nous transportons en France, nous trouvons quelques cas de boycottage, trop rares et malheureusement pas assez pris en considération par le public.

On se rappelle la mise à l'index, par le Syndicat de la Typographie, des journaux parisiens le *Rappel* et le *XIXe Siècle*.

Pourquoi ce boycottage n'a-t-il pas abouti ? Parce que le public et la grande masse des travailleurs conscients sont restés indifférents. Un moyen pratique eut été que les lecteurs fissent comprendre aux marchands de journaux qu'ils ne devaient pas vendre ces deux quotidiens. Et, si les marchands de journaux refusaient, — se fournir ailleurs.

L'a-t-on fait ?

Nous ne le croyons pas.

Au Mans, la Bourse du Travail mit dernièrement à l'index un commerçant voisin dont les agissements étaient contraires aux intérêts des travailleurs et le boycottage fut — exemple trop rare — si énergiquement appliqué que le dit commerçant dût transporter son commerce plus loin.

Mais pour ce cas de boycottage victorieux, combien d'autres restent inefficaces !

Ainsi, combien y a-t-il d'établissements où

se réunissent et se fournissent de vins et de liqueurs nos camarades ; où, par conséquent, il leur serait facile d'obtenir du commerçant de n'avoir ses liquides que dans des bouteilles de la *Verrerie Ouvrière* et où, pourtant, cela n'a pas lieu.

Ici encore le boycottage des établissements qui refuseraient de se fournir à la *Verrerie Ouvrière* serait d'un efficacité certaine.

Pourquoi n'agit-on pas ?...

Nous pourrions citer grand nombre d'autres exemples, mais pour ne pas surcharger notre rapport, nous nous en tenons là ; d'ailleurs, chacun peut facilement trouver des applications de ce que nous disons, autour de lui, dans la vie au jour le jour.

Jusqu'ici, les travailleurs se sont affirmés révolutionnaires ; mais, la plupart du temps, ils sont restés sur le terrain théorique : ils ont travaillé à l'extension des idées d'émancipation, ont élaboré et tâché d'esquisser un plan de société future d'où l'exploitation humaine sera éliminée.

Seulement, pourquoi, à côté de cette œuvre éducatrice, dont la nécesité n'est pas contestable, n'a-t-on rien tenté pour résister aux empiétements capitalistes et, autant que faire se peut, rendre moins dures aux travailleurs les exigences patronales ?

Dans nos réunions on lève toujours les séances aux cris de : « Vive la Révolution Sociale ! » et, loin de se concréter en un acte quelconque, ces clameurs s'envolent en bruit.

De même, il est regrettable que les Congrès, affirmant toujours leur fermeté révolutionnaire, n'aient pas encore préconisé de résolutions pratiques pour sortir du terrain des mots et entrer dans celui de l'action.

En fait d'armes d'allures révolutionnaires on

n'a jusqu'ici préconisé que la grève et c'est d'elle dont on a usé, et dont on use journellement.

Outre la grève, nous pensons qu'il y a d'autres moyens à employer, qui peuvent, dans une certaine mesure, tenir les capitalistes en échec.

Le *boycottage*, dont nous venons de vous expliquer l'origine et dont nous avons cité des exemples, nous semble être l'arme pouvant, dans bien des circonstances, donner, au profit des travailleurs, une solution aux conflits existant entre ceux-ci et les capitalistes.

La Commission vous demande donc de prendre en considération les propositions qu'elle vous soumet. Elle est convaincue, qu'après mûre réflexion, vous pratiquerez le *boycottage*, chaque fois que vous en trouverez l'occasion et elle est convaincue aussi que, s'il est mis en vigueur avec énergie, les résultats qu'en retirera la classe prolétarienne vous encourageront à persévérer dans cette voie.

Nous allons examiner de quelle façon peut se pratiquer le boycottage :

Qui pouvons nous boycotter ?

Est-ce l'industriel, le fabricant ?

Contre lui, le boycottage reste inégal ; ses capitaux le mettent à l'abri de nos tentatives. L'industriel n'a que de rares rapports avec le public ; pour la diffusion de ses produits il s'adresse aux commerçants qui, dans la plupart des cas, sont des conservateurs de la société actuelle. Le contrôle sur l'origine de leurs produits est difficultueux car, très peu d'industriels marquent leurs produits — comme le fait la « Verrerie Ouvrière » qui, par ce seul fait, nous rend le boycottage facile.

Donc, laissons pour l'instant l'industriel de côté — nous réservant de dire tout à l'heure par quels moyens nous pouvons sûrement l'atteindre.

Parlons du commerçant avec lequel nous sommes directement en contact et que nous pouvons directement boycotter.

Il y a quelques semaines, à Toulouse, une petite tentative de boycottage a été faite contre les magasins qui refusaient de fermer le dimanche : par affiches, les camarades toulousains engageaient le public à ne rien acheter le dimanche.

Ce que les employés toulousains on fait en petit, nous vous invitons à le faire en grand : que, chaque fois que besoin sera, quand le commerçant voudra réduire les salaires, augmenter les heures de travail, ou quand, le travailleur désireux d'être moins tenu, de gagner plus, imposera ses conditions au patron commerçant ; qu'alors, avec toute l'activité dont nous pouvons disposer, son magasin soit mis à l'index ; que, par voie d'affiches, circulaires, réunions, manifestations ou autres moyens dont l'initiative des travailleurs croira bons d'user, le public soit invité à ne rien acheter chez lui jusqu'au jour où il aura donné entière satisfaction à ses employés.

Ainsi l'ont fait nos camarades d'Angleterre et d'Allemagne dont nous parlions tout à l'heure et dans maintes circonstances ils ont remporté la victoire.

Quant aux industriels, comme nous l'avons expliqué ci-dessus, le boycottage les atteint difficilement. Par contre, le fonctionnement normal de la société capitaliste leur permet, sous le couvert de diminutions des salaires, augmentations des heures de travail, ou chômages et renvois brutaux, de nous appliquer un boycottage meurtrier. Ils sont même allés plus loin en pratiquant le boycottage politique et en mettant à l'index les travailleurs conscients de leurs droits, les empêchant ainsi,

non seulement de propager les idées d'émancipation qui les animent, mais même de vivre.

Actuellement, à Roubaix, « l'Union Sociale
et Patriotique », association d'industriels et de
politiciens, s'est liguée pour terrasser les idées
émancipatrices par le renvoi simultané d'une
masse considérable de travailleurs. Pour être
embauché dans les usines de Roubaix et de
Tourcoing, il faut aujourd'hui que le travailleur soit inscrit sur les listes de « l'Union Sociale et Patriotique »; et, ne croyez pas que ce
refus d'employer des ouvriers indépendants
soit pratiqué sournoisement. Non ! c'est au
grand jour, en affichant cyniquement ses
intentions de proscription qu'agit « l'Union
Patriotique ». Tout au long, dans ses statuts,
elle déclare que son principal but est de donner du travail à ses adhérents, au détriment
des travailleurs qui combattent pour l'affran-
chissement du prolétariat.

Nous vous citons cette ville parce qu'elle est
un foyer révolutionnaire et qu'elle a un
Conseil municipal socialiste, que nous voulons
croire imbu de bonnes intentions, mais qui se
trouve impuissant pour endiguer les manœu-
vres d'oppression et de persécution employées
par les industriels réactionnaires.

Et, ne nous y trompons pas, ce qui existe à
Roubaix aujourd'hui se généralisera demain,
d'un bout à l'autre de la France, si nous n'y
mettons ordre.

Par quels moyens résister à ce boycottage
patronal et arrêter l'expansion de l'œuvre
réactionnaire et sinistre dont les capitalistes
de Roubaix et de Tourcoing donnent l'exemple
à leurs confrères ?

Ici, votre Commission croit que le boycottage
que nous pourrions tenter contre les exploiteurs en question ne donnerait que des décep-

tions. Aussi, vous propose-t-elle de le compléter par une tactique de même essence que nous qualifierons : le *sabottage*.

Cette tactique, comme le boycottage, nous vient d'Angleterre où elle a rendu de grands services dans la lutte que les travailleurs soutiennent contre les patrons. Elle est connue là-bas sous le nom de *Go canny*.

A ce propos, nous croyons utile de vous citer l'appel lancé dernièrement par « l'Union internationale des chargeurs de navires », qui a son siège à Londres :

Qu'est-ce que *Go canny* ?

C'est un mot court et commode pour désigner une nouvelle tactique, employée par les ouvriers au lieu de la grève.

Si deux Ecossais marchent ensemble et que l'un coure trop vite, l'autre lui dit : *Go canny*, ce qui veut dire : « Marche doucement, à ton aise. »

Si quelqu'un veut acheter un chapeau qui vaut cinq francs, il doit payer cinq francs. Mais s'il ne veut en payer que quatre, eh bien ! il en aura un de qualité inférieure. Le chapeau est une « marchandise ».

Si quelqu'un veut acheter six chemises de deux francs chacune, il doit payer douze francs. S'il ne paie que dix, il n'aura que cinq chemises. La chemise est encore « une marchandise en vente sur le marché ».

Si une ménagère veut acheter une pièce de bœuf qui vaut trois francs, il faut qu'elle les paye. Et si elle n'offre que deux francs, alors on lui donne de la mauvaise viande. Le bœuf est encore « une marchandise en vente sur le marché ».

Eh bien, les patrons déclarent que le travail et l'adresse sont « des marchandises en vente sur le marché » — tout comme les chapeaux, la chemise et le bœuf.

— Parfait, répondons-nous, nous vous prenons au mot.

Si ce sont des « marchandises » nous les vendrons tout comme le chapelier vend ses chapeaux, et le boucher sa viande. Pour de mauvais prix, ils donnent de la mauvaise marchandise, et nous en ferons autant.

Les patrons n'ont pas droit de compter sur notre charité. S'ils refusent même de discuter nos demandes, eh bien, nous pouvons mettre en pratique le *Go canny* — la tactique de « travaillons à la douce », en attendant qu'on nous écoute.

Voilà clairement défini le *Go canny*, le *sabottage* : *à mauvaise paye, mauvais travail.*

Cette ligne de conduite, employée par nos camarades anglais, nous la croyons applicable en France, car notre situation sociale est identique à celle de nos frères d'Angleterre.

Il nous reste à définir sous quelles formes doit se pratiquer le *sabottage*.

Nous savons tous que l'exploiteur choisit habituellement pour augmenter notre servitude le moment où il nous est le plus difficile de résister à ses empiètements par la grève partielle, seul moyen employé jusqu'à ce jour.

Pris dans l'engrenage, faute de pouvoir se mettre en grève, les travailleurs frappés subissent les exigences nouvelles du capitaliste.

Avec le *sabottage*, il en est tout autrement : les travailleurs peuvent résister ; ils ne sont plus à la merci complète du capital ; ils ne sont plus la chair molle que le maître pétrit à sa guise : ils ont en mains un moyen d'affirmer leur virilité et de prouver à l'oppresseur qu'ils sont des hommes.

D'ailleurs, le *sabottage* n'est pas aussi nouveau qu'il le paraît : depuis toujours, les travailleurs l'ont pratiqué individuellement quoique sans méthode. D'instinct, ils ont toujours ralenti leur production quand le patron a augmenté ses exigences ; sans s'en rendre clairement compte, ils ont appliqué la formule : *à mauvaise paye, mauvais travail.*

Et l'on peut dire que dans certaines industries où le travail aux pièces s'est substitué au
travail à la journée, une des causes de cette
substitution a été le sabottage qui consistait
alors à fournir par jour la moindre quantité
de travail possible.

Si cette tactique a donné déjà des résultats,
pratiqué sans esprit de suite, que ne donnera-
t-elle pas le jour où elle deviendra une menace
continuelle pour les capisalistes ?

Et ne croyez pas, camarades, qu'en rempla-
çant le travail à la journée par le travail aux
pièces les patrons se soient mis à l'abri du
sabottage : cette tactique n'est pas circonscrite
au travail à la journée.

Le sabottage peut et doit être pratiqué pour
le travail aux pièces. Mais ici, la ligne de conduite diffère : restreindre la production serait
pour le travailleur restreindre son salaire ; il
lui faut donc appliquer le sabottage à la qualité, au lieu de l'appliquer à la quantité. Et
alors, non seulement le travailleur ne donnera
pas à l'acheteur de sa force de travail, plus que
pour son argent ; mais encore, il l'atteindra
dans sa clientèle qui lui permet, indéfiniment,
le renouvellement du capital, fondement de
l'exploitation de la classe ouvrière. Par ce
moyen, l'exploiteur se trouvera forcé, soit de
capituler en accordant les revendications for-
mulées, soit de remettre l'outillage aux mains
des seuls producteurs.

Deux cas se présentent couramment : le cas
où le travail aux pièces se fait chez soi, avec
un matériel appartenant à l'ouvrier, et celui où
le travail est centralisé dans l'usine patronale
dont celui-ci est le propriétaire.

Dans ce second cas, au sabottage sur la marchandise vient s'ajouter le sabottage sur l'outillage.

Et ici, nous n'avons qu'à vous rappeler l'émotion produite dans le monde bourgeois, il y a deux ans, quand on sut que les employés de chemin de fer pouvaient, avec deux sous, d'un certain ingrédient, mettre une locomotive dans l'impossibilité de fonctionner.

Cette émotion nous est un avertissement de ce que pourraient les travailleurs conscients et organisés.

Avec le *boycottage* et son complément indispensable, le *sabottage*, nous avons une arme de résistance efficace qui, en attendant le jour où les travailleurs seront assez puissants pour s'émanciper intégralement, nous permettra de tenir tête à l'exploitation dont nous sommes victimes.

Il faut que les capitalistes le sachent : le travailleur ne respectera la machine que le jour où elle sera devenue pour lui une amie qui abrège le travail, au lieu d'être, comme aujourd'hui, l'ennemie, la voleuse de pain, la tueuse de travailleurs.

RÉSOLUTIONS

Affirmation théorique

Nous vous proposons donc de prendre en considération la proposition suivante :

Chaque fois que s'élèvera un conflit entre patrons et ouvrière, soit que le conflit soit dû aux exigences patronales, soit qu'il soit dû à l'initiative ouvrière, et au cas où la grève semblerait ne pouvoir donner des résultats aux travailleurs visés ; que ceux-ci appliquent le boycottage *ou le* sabottage — *ou les deux simultanément — en s'inspirant des données que nous venons d'exposer.*

Proposition de mise en pratique

Déjà, nous pouvons sortir du domaine théorique et entrer immédiatement dans la pratique :

La Commission vous propose que, pour aider à l'écoulement des produits de la Verrerie Ouvrière, les travailleurs conscients appliquent un boycottage rigoureux à tous les débitants, liquoristes, etc., qui, tout en étant plus spécialement nos fournisseurs refuseront de débiter leurs liquides dans des bouteilles de provenance de la Verrerie Ouvrière.

En agissant ainsi, nous aiderons à vulgariser le boycottage *et, surtout, nous ferons œuvre de solidarité.*

La Commission du Boycottage

La lecture de ce rapport et de ses conclusions fut accueillie au Congrès de Toulouse par d'unanimes applaudissements. Nul ne prit la parole contre; plusieurs camarades prononcèrent quelques mots, mais dans l'unique but d'appuyer la tactique du *boycottage* et du *sabottage*. Et c'est cette unanimité qui nous donne bon espoir pour l'avenir.

Aussi, en terminant, nous réitérons notre pressant appel aux camarades et à tous les groupements : qu'ils vulgarisent dans leur milieu la présente brochure, et nous sommes convaincus que, d'ici peu, cette propagande donnera d'efficaces résultats.

Les Camarades Parisiens de la Commission du Boycottage.

Prix de la Présente Brochure

POUR LES ORGANISATIONS OUVRIÈRES

10 Brochures	....		0 fr. 25
10	—	par poste............	0 fr. 35
100	—	par colis postal...	2 fr. 50
500	—	—	11 fr. 00
1000	—	—	20 fr. 00

Les demandes de brochures, accompagnées des fonds, doivent être adressées au camarade **Emile Pouget, 15, rue Lavieuville (Montmartre), Paris.**

C'est aussi au camarade Pouget *que doivent être adressées toutes les communications ou renseignements quelconques concernant la seconde brochure, en préparation, sur les moyens d'appliquer le Sabottage.*

Paris. — Imp. C. Favier, 120, rue Lafayette.

www.ingramcontent.com/pod-product-compliance
Lightning Source LLC
Chambersburg PA
CBHW050812070726
47595CB00015B/3623